# PREMIER LIVRE

DE

# L'ENFANCE.

---

## I. — Les Enfants.

Jésus a dit : Laissez les petits enfants venir à moi.

Et les enfants étant venus, il les embrassa; puis il étendit les mains et les bénit.

Et il dit : *Le royaume*

*des cieux est pour ceux qui leur ressemblent.*

C'est-à-dire : le royaume des cieux est pour ceux qui sont bons, pour ceux qui sont purs et vertueux.

Le royaume des cieux est pour ceux qui ont l'innocence du cœur.

Enfants, allez à Dieu, puisque Dieu vous appelle ;

Allez au bien et à la vertu ;

# PREMIER LIVRE

DE

# L'ENFANCE

OU

## EXERCICES DE LECTURE
## ET LEÇONS DE MORALE

**à l'usage des écoles primaires**

**PAR M. DELAPALME**
Conseiller à la Cour de Cassation

OUVRAGE AUTORISÉ
PAR LE CONSEIL DE L'INSTRUCTION PUBLIQUE

**Nouvelle Édition**

**PARIS**
**LIBRAIRIE DE L. HACHETTE ET Cie**
RUE PIERRE-SARRAZIN, No 14
(Quartier de l'École de médecine)

# PREMIER LIVRE

DE

# L'ENFANCE

OU

## EXERCICES DE LECTURE

ET LEÇONS DE MORALE

**A l'usage des Écoles primaires**

PAR M. DELAPALME

Conseiller à la Cour de Cassation

OUVRAGE AUTORISÉ

PAR LE CONSEIL DE L'INSTRUCTION PUBLIQUE



**Nouvelle Édition**



PARIS

LIBRAIRIE DE L. HACHETTE ET Cie

RUE PIERRE-SARRAZIN, N° 14

(Près de l'École de Médecine)

1854

Imprimerie de Ch. Lahure (ancienne maison Crapelet)
rue de Vaugirard, 9, près de l'Odéon.

Allez dans la voie de l'innocence et de la pureté.

Et quand vous sentirez au dedans de vous la joie d'avoir fait le bien,

Quand vous serez heureux parce que vous aurez été bons,

Alors vous penserez que Dieu vous a bénis.

Vous penserez à ces paroles que Dieu a prononcées sur vous : *Lais-*

*sez venir à moi les petits enfants ;*

Et vous vous confierez dans sa bonté qui est grande,

Et vous élèverez les yeux vers le ciel, et vous contemplerez la terre,

Car le ciel et la terre sont l'œuvre de Dieu;

Et vous direz que Dieu vous voit et qu'il veille sur vous.

---

## II. — Dieu protége l'Enfant.

Ne croyez pas, enfants, que Dieu ne s'occupe pas de vous parce que vous êtes faibles et petits.

Dieu s'occupe du petit oiseau qui vole caché dans les buissons.

Dieu visite la demeure de l'abeille qui bâtit ses rayons de miel dans le creux d'un chêne.

Dieu protége le petit

insecte caché sous un brin d'herbe.

Dieu est grand, immense, infini, il remplit le monde.

Dieu est partout, et il aime la chaumière du pauvre comme le palais du riche.

Il est près de vous, enfants, près de votre berceau quand vous dormez.

Il veille sur vous comme sur la plante à laquelle il donne la chaleur de son soleil et l'humidité de ses pluies.

Et il n'est aucun moment du jour ou de la nuit où Dieu n'étende sur vous sa main; où il ne vous protége et ne vous soutienne.

Ayez donc confiance, car il est avec vous,

Et vous êtes forts, car toute force est en lui.

---

## III. — Le Matin.

Le matin se lève, et le jour est brillant.

Le soleil est à l'horizon, entouré de nuages d'or.

La rosée brille sur l'herbe et sur les fleurs.

Voici que la nature se réveille; on entend les premiers chants des oiseaux.

Le laboureur quitte sa demeure et se rend à ses travaux.

La mère active s'agite autour du berceau de ses enfants.

Les bestiaux sortent de l'étable et vont au pâturage.

Le forgeron est à son enclume, le feu rougit le fer, les marteaux résonnent.

Il n'y a qu'un instant, tout était dans le silence et le repos ; maintenant tout s'anime et prend de la vie.

Le faucheur bat sa faux et l'aiguise avec la pierre.

Le moissonneur s'arme de sa faucille, et les blés mûrs tombent dans le sillon.

Pendant la nuit, un grand rideau d'obscurité cachait la terre.

Mais le rideau s'est levé, l'obscurité se dissipe, et la terre apparaît avec ses merveilles.

---

## IV. — Suite du Matin.

La terre apparaît avec ses plantes qui croissent, avec ses arbres couverts de fruits;

Avec ses coteaux, avec ses plaines, avec ses montagnes et ses vallées;

Avec ses maisons mêlées parmi les arbres;

Et dans le lointain, j'ai vu les villes et les villages, et les clochers des églises au-dessus des maisons.

O Dieu, que vous êtes grand, et que toutes les choses que vous avez faites sont grandes!

Oh! que ce monde est admirable, et combien sont admirables toutes les œuvres dont vous avez rempli le monde!

Si j'ouvre les yeux, ô mon Dieu! vous êtes devant moi dans la magnificence de vos ouvrages!

Si je ferme les yeux,

je vous trouve en moi.

Si j'écoute..., tous ces sons lointains, tous ces bruits de la vie me parlent de Dieu.

S'il se fait silence et que tout se taise, la terre semble muette devant la majesté de Dieu.

O Dieu, vous êtes grand et immense! Je suis faible et petit.

Mais, faible que je suis, j'élève ma voix vers vous et je vous bénis.

---

### V. — Prières de l'Enfant pour obtenir la sagesse.

Mon Dieu, je veux vous prier; je veux vous prier pour obtenir l'innocence et la sagesse.

Car je vois bien, ô Dieu, qu'il n'y a de bonheur que pour celui qui est sage et qui est bon.

Quand j'ai fait une bonne action, j'accours la gaîté dans le cœur;

Je saute et je bondis, et toutes choses m'apportent la joie.

Quand j'ai fait le mal, je suis abattu et dans la honte; je baisse la tête et je n'ose lever les yeux;

Et je suis confondu, car ma pensée s'élève en moi et elle m'accuse.

O Dieu ! faites que j'aie toujours la joie du bien, et éloignez de moi la honte du mal.

Si je fais le bien, je

serai la joie de mon père,

Car mon père est bon et juste, et il serait dans la douleur si je n'étais pas bon et juste comme lui.

Si je fais le bien, ma mère sera heureuse;

Car elle m'a dit tant de fois, ma mère : Mon enfant, prie Dieu et sois honnête homme.

Elle me l'a dit dès mon berceau, quand j'étais si petit qu'à peine je pouvais la comprendre.

---

## VI. — Suite de la prière de l'Enfant.

Eh bien donc, ô mon Dieu ! je tâcherai de faire du bien à tout le monde, et tout le monde aura de l'affection pour moi.

Quand je passerai, on me fera bon visage et personne ne se plaindra de moi.

Et j'aurai de bons amis qui me tendront la main.

Je rendrai service aux autres, car c'est une grande joie d'aider ceux qui sont dans la peine.

Je ne ferai de mal à personne, car j'aimerais mieux souffrir moi-même que de faire souffrir les autres.

Et alors personne n'aura envie de me faire du mal.

Et si quelqu'un voulait me faire du mal, ô mon Dieu! ayez pitié de lui, je vous prie.

C'était ainsi que priait le pauvre enfant.

Et à mesure qu'il priait, une grande joie se répandait dans son cœur.

Il se sentait si heureux qu'il ne comprenait pas comment on pouvait avoir l'idée de faire le mal.

Et sa petite figure était toute pleine de beauté et de sérénité.

---

## VII. — Dieu nous voit.

Nous ne voyons pas Dieu, mais Dieu nous voit.

Quand le soleil se cache derrière un nuage, nous ne le voyons pas; cependant il nous éclaire.

Ainsi Dieu est caché, mais il est présent.

Dieu est partout : il est dans le ciel, il est sur la terre;

Il est dans la fleur qui pousse, dans le fruit qui mûrit;

Il est dans le tonnerre qui gronde et dans l'éclair qui brille;

Il est avec nous, autour de nous, à côté de nous.

Comment Dieu ne nous verrait-il pas, lui qui nous a donné des yeux pour voir?

Comment ne nous entendrait-il pas, lui qui a

fait nos oreilles pour entendre?

Quand nous faisons le mal, Dieu nous voit, i nous voit quand nous fai sons le bien.

Il n'est pas de nuit qui nous dérobe à ses yeux, pas d'obscurité qui nou cache à lui.

Le méchant fuit; mai où ira-t-il où Dieu ne soi pas?

Le méchant fait silen ce; mais Dieu l'entend.

---

## VIII. — Le berceau de l'Enfant.

La mère a enveloppé son enfant de ses langes; Elle l'a tendrement endormi dans ses bras, puis elle l'a doucement posé dans son berceau.

Elle est assise auprès de lui, craignant qu'il ne s'éveille à quelque bruit, à quelque mouvement.

Dors, petit enfant, ta mère est près de toi.

Quand l'enfant s'éveille, il crie, et la mère approche son sein; elle lui donne son lait.

Le lait coule, l'enfant s'abreuve, caressant de sa main le sein qui le nourrit.

Que deviendrait l'enfant sans sa mère?

Voyez, il ne peut marcher, il ne peut ramper, il ne peut rien saisir de ses faibles mains. Il ne sait que crier et pleurer.

Il a besoin de tout le monde; si vous l'abandonnez, il va périr.

La petite plante croît toute seule sur la terre où elle a pris racine; mais l'enfant ne peut croître tout seul.

Il faut que sa mère le porte dans ses bras, qu'elle le soigne et l'endorme dans son berceau.

Pauvre enfant, que deviendras-tu sans ta mère?

---

## IX. — La Mère.

Pendant que l'enfant sommeille, j'entends la mère qui chante doucement pour le bercer.

La mère chante, elle dit :

« Mon enfant, je ne
« crains pas la peine; car
« c'est pour toi que je
« travaille;

« Pour toi je travaille-
« rai le jour; pour toi

« je travaillerai la nuit. »

La mère chante encore :

« Un jour tu seras
« grand, mon fils; alors
« tu seras beau et fort;
« alors ta mère sera
« vieille; et toi, tu sou-
« tiendras ta mère.

« Dors, mon enfant,
« dors, pauvre petit. »

O le méchant enfant, que celui qui n'aime pas sa mère!

Sa mère qui l'a porté

dans son sein, sa mère qui l'a nourri;

Sa mère qui, pour lui, se fatigue et travaille.

La récompense de la mère, c'est le sourire de son enfant;

C'est la tendresse de son enfant qui lui fait oublier toutes ses peines...

Oh! j'aimerai toujours ma mère!

---

### X. — Le petit oiseau dans les champs.

Où vas-tu, petit oiseau qui voles dans les champs?

Tu vas, tu viens, tu ramasses des graines;

Tu fais ta récolte sur les buissons du chemin;

Tu vas butiner dans la grange du laboureur.

Mais pourquoi, petit

oiseau, te donnes-tu tant de peine?

Tu es bien petit : pour te nourrir, il te faut bien peu.

Un petit insecte ou une graine ramassée sur la fleur du chardon sont un repas pour toi.

Ne te fatigue donc pas, repose-toi et chante, perché sur cette branche d'arbre où pendent de belles fleurs....

Mais l'oiseau allait toujours volant, faisant sa chasse d'insectes, ramassant les graines.

Puis fatigué, il courut à son nid.

Et comme il arrivait, voici que ses petits l'entendant, levèrent le bec en poussant des cris.

Leurs cris disaient : J'ai faim.

Et le père empressé, allant à chacun d'eux, leur donna pour les nourrir la provision qu'il apportait.

En un instant les petits affamés eurent mangé ce qui avait coûté tant de peine à recueillir.

Puis, eux repus, le père reprit son vol, recommençant sa tâche, allant, venant, faisant une provision nouvelle et l'apportant sans relâche à ses petits.

---

## XI. — Le Père.

Comme l'oiseau nourrit ses petits, le père nourrit ses enfants.

Il pourrait se reposer à l'ombre sous le poirier de son jardin;

Ou bien travailler doucement et sans peine, pour abréger les ennuis de la journée.

Mais il travaille pour vous, enfants.

Car il faut qu'il vou nourrisse comme l'oisea nourrit sa couvée.

Et quand il revient de champs et que vous ave faim, il faut qu'il vou donne du pain.

Et comme vous n'ête pas vêtus ainsi que les oiseaux, il faut qu'il vous donne des vêtements et un abri.

Enfants, c'est pour vous que coulent les sueurs de votre père.

Que la reconnaissance soit donc en votre cœur.

Vivez pour lui dans le respect.

Et quand il sera vieux, ce sera votre tour de travailler pour lui.

Alors vous serez grands, vous serez forts; vous serez ses appuis quand il sera faible;

Vous soulagerez sa vieillesse et vous viendrez en aide à ses infirmités.

Oh! que la piété filial est un devoir doux remplir!

Qu'il est juste que l fils fléchisse devant so père;

Qu'il s'abaisse devan la volonté de son père;

Et qu'il ne murmur pas contre son père,

Se souvenant que, sur la terre, un père est l'image de Dieu!

---

## XII. — La Neige.

La neige tombe, et la terre en est couverte.

Les sommets et les branches des arbres dans la forêt sont tout blancs,

Et le toit des maisons a disparu sous la couche épaisse qui le couvre.

Il fait froid, le vent souffle.

Le laboureur ne peut sortir de sa maison, et les

bestiaux restent à l'étable.

Loin, bien loin, on ne voit que la neige enveloppant la terre comme d'un grand manteau.

Tout se tait, les animaux se cachent.

Hélas! combien de malheureux qui souffrent!

Le pauvre, en sa chaumière, a-t-il du feu pour se chauffer?

Il ne peut travailler, la

terre est durcie par la gelée.

Lui reste-t-il quelque chose du salaire gagné dans les beaux jours?

Ses enfants se blotissent autour du foyer... Ont-ils des vêtements pour se couvrir?

Quand de si bonne heure vient la nuit, la mère a-t-elle une faible lumière pour travailler pendant que ses enfants dorment?

Allons, allons au secours des malheureux.

Ils ont faim, donnons-leur du pain;

Ils sont nus, donnons-leur des vêtements;

Ils ont froid, donnons-leur du feu.

Car tous nous sommes frères; il faut nous tendre la main les uns aux autres, et nous aider mutuellement.

---

## XIII. — Paul et Jean.

Paul travaillait dans les champs; c'était l'été, il faisait chaud.

La sueur coulait sur son visage, il avait soif.

Jean le vit, il s'approcha et partagea avec lui la boisson fraîche qu'il avait dans sa cruche,

Puis il lui dit : Tu es las, ta tâche est rude, repose-toi quelques instants à l'ombre de cet arbre.

Pour moi, je prendrai ta bêche, et pendant ce temps j'avancerai ton ouvrage.

Paul accepta, il but et se raffraîchit.

Puis il goûta quelques moments de repos, et reprit son travail...

L'hiver vint, il faisait froid, il y avait de la glace, le vent soufflait.

Paul se souvint de

Jean qui avait été bon pour lui.

Tu as froid, lui dit-il, tu n'as pas de feu;

Viens dans ma maison, la flamme brille à mon foyer, tu te réchaufferas.

Et pendant que le froid glace la terre et qu'on ne peut travailler, tu prendras ta place avec nous à la table du repas.

J'ai peu, mais ce peu nous le partagerons...

Échange de bonté, de bons services!

Joie de l'homme qui fait du bien à son semblable!

Reconnaissance du cœur qui fait qu'on rend le bien pour le bien!

Ces sentiments sont doux : ils font le bonheur dans la vie.

Et Dieu donne le bonheur au fond du cœur, pour un verre d'eau qu'on a donné.

---

**XIV. — L'Abeille, l'Oiseau, l'Écureuil.**

*L'Enfant.* Où vas-tu, petite abeille?

Tu voles, tu cours, en bourdonnant, sur les fleurs;

Tu t'amuses à voltiger dans les champs, dans la prairie.

*L'Abeille.* Je ne m'amuse pas, je travaille.

Je cueille le miel des fleurs;

Puis je porte ce miel à ma ruche en provision pour l'hiver.

Je vais chercher la cire pour bâtir ma maison.

Et je ramasse la poussière du calice des fleurs, pour en nourrir, dans leur berceau, mes jeunes abeilles qui viennent d'éclore.

*L'Enfant*. Où vas-tu, petit oiseau?

Tu voles partout en chantant;

Tu cours à l'ombre des buissons, ou dans les bois épais;

Tu t'amuses : la vie pour toi est un plaisir.

*L'Oiseau.* Je ne m'amuse pas, je travaille.

Je vais chercher la laine du mouton, accrochée aux épines de la haie, pour bâtir un nid à ma couvée;

Je vais chercher les brins d'herbe molle pour que mes petits reposent doucement;

Je vais chercher pour les nourrir les vermisseaux et les petites graines.

*L'Enfant*. Où vas-tu, petit écureuil?

Tu sautes gaiement de branche en branche;

Tu te suspends aux rameaux des grands arbres, étalant le panache de ta queue.

Certes tu joues et tu t'amuses.

*L'Écureuil*. Je ne

m'amuse pas, je travaille.

Je vais chercher dans la forêt les faînes des grands hêtres;

Je vais chercher les noisettes dans les taillis, et les noix sur les hauts noyers,

Puis je les porte à ma maison, dans le creux d'un vieux chêne,

Afin de me nourrir l'hiver, quand il n'y aura plus de feuilles aux arbres, ni de fruits sur la terre.

## XV. — Le Travail.

Il faut donc travailler, petit enfant;

Car tout travaille autour de toi, et aucun être au monde n'est inactif.

L'abeille travaille pour ramasser le miel et la cire.

L'oiseau travaille pour récolter du grain, ou pour ramasser l'herbe dont il fait son nid.

L'écureuil travaille pour faire sa provision de noisettes et de faînes pour la saison d'hiver.

La fourmi aussi travaille.

Vois, elle va suivant par les terres ses longs sentiers;

Elle ramasse de petits débris, et les cadavres de petits insectes;

Elle amoncelle des matériaux pour ses magasins,

Et la grande ville des fourmis s'élève comme une montagne dans les bois, à l'abri sous les arbres.

Le cheval travaille et partage les fatigues de l'homme.

Le bœuf tire la charrue, et trace sur la terre le sillon où poussera le blé.

Il y a de petits insectes qui se bâtissent des maisons de pierre.

L'hirondelle va ramasser la terre détrempée sur les bords des étangs ou des ruisseaux,

Puis elle maçonne de son bec un nid pour sa famille.

La taupe creuse des souterrains, et se fait de longues galeries pour habiter sous la terre, et pour aller chercher des vivres.

L'araignée fabrique

une toile : c'est un grand filet pour sa chasse.

Elle y prend des moucherons pour sa nourriture.

L'araignée est une filandière, et quand les fils de sa toile sont brisés elle les répare et recommence sa tâche.

Le travail est la loi de tous; il faut donc que l'homme travaille;

Il faut que l'homme travaille pour bâtir sa

maison, comme l'oiseau pour bâtir son nid;

Il faut que l'homme travaille pour se nourrir, comme l'abeille pour faire sa provision de miel;

Il faut que l'homme travaille pour se vêtir, comme le ver à soie qui s'enveloppe dans ses fils, et comme la chenille du papillon qui fabrique sa coque.

---

### XVI. — L'Abeille et les Frelons.

Les *abeilles* bourdonnent autour de la ruche.

Dès qu'un rayon de soleil les réchauffe, elles partent, elles s'envolent.

Elles vont au loin, dans la prairie et dans les bois, sur les coteaux et dans la plaine;

Elles volent de fleur en fleur, et récoltent le miel des plantes.

Voyez, elles reviennent toutes pesantes; elles sont toutes couvertes de la poussière des fleurs.

Ainsi elles font provision de miel dans leurs ruches; et quand l'hiver est venu, elles se nourrissent de miel...

Les *frelons* sont des paresseux;

Ils vont faire leur butin sur les fleurs, mais ils ne récoltent pas pour l'hiver;

Ils ne font pas leurs provisions dans leurs greniers; il n'amassent pas avec prudence;

Ils ne songent pas aux mauvais jours, aux jours de froid et de neige.

Et quand vient l'hiver, ils ont faim, et leurs cellules sont vides.

Les frelons sont des paresseux. Ils meurent de faim dans l'hiver.

On aime les abeilles: on écrase les frelons.

---

## XVII. — L'Enfant malade.

Il y avait un pauvre enfant malade;

Il était couché dans son berceau, et il souffrait beaucoup.

Sa mère était auprès de lui, bien triste et avec des larmes dans les yeux.

De temps en temps elle se levait, s'approchait de son enfant, puis elle soulevait sa petite tête et lui donnait à boire.

Le père était abattu; il ne pouvait travailler, son courage l'abandonnait.

Dans la chambre, les frères et sœurs se taisaient, craignant, par une parole ou par un bruit, de troubler le sommeil de leur frère.

Repose, pauvre petit, ta mère est près de toi, ton père te veille, tes frères et tes sœurs prient Dieu pour toi.

Dieu protége les bonnes familles, les familles qui s'aiment et qui sont unies.

Bientôt le petit enfant se porta mieux.

Il leva sa petite tête par-dessus les bords de son berceau,

Il vit sa mère qui souriait;

Il vit ses frères et sœurs qui étaient joyeux.

Le bonheur était rentré dans la maison;

Et le père reprenait son travail, en remerciant Dieu qui lui rendait son fils.

Oh! que c'est une douce chose d'avoir une bonne famille!

J'aimerai mon père et ma mère qui pleurent quand j'aï du chagrin, et qui sont heureux quand j'ai de la joie.

J'aimerai mon frère et

ma sœur qui sont des amis que le ciel m'a donnés dès l'enfance, et jusqu'aux jours de la vieillesse;

Et nous croîtrons ensemble comme les arbres de la forêt qui s'entrelacent et qui se servent mutuellement d'appui contre le vent et la tempête.

---

## XVIII. — Les Frères.

Voici un fardeau bien lourd pour toi, mon frère; donne, je le porterai.

Tu es faible et fatigué, je veux venir à ton aide.

Mon frère, tu as du chagrin, je voudrais te consoler.

Je serais heureux, mon frère, si je pouvais adoucir ton mal.

Je voudrais pouvoir souffrir à ta place et prendre seul ta peine.

Mon frère, voici les fruits de mon jardin; partageons. Ils me sembleraient moins bons si je les mangeais seul.

J'ai fait une bonne récolte, la tienne est mauvaise, soyons de moitié.

Si les méchants veulent te faire du mal, mon frère, appelle-moi à ton secours. Je viendrai à ton aide, et nous serons forts à nous deux.

Mon frère, notre mère nous tenait tous les deux ensemble sur ses genoux;

Et notre père nous portait tous les deux à la fois dans ses bras.

Mon frère, si Dieu le permet, nous habiterons près l'un de l'autre;

Ta maison ne sera pas loin de la mienne.

Mon frère, viens nous promener ensemble; nous

parlerons de nos parents et de nos amis;

Nous parlerons de Dieu, de l'univers, des merveilles de ce monde si beau, des récoltes qui croissent, et des moissons dans nos greniers.

Et le soir nous ferons ensemble notre prière à Dieu.

O mon frère, j'ai de la joie à te voir près de moi et à te serrer la main.

---

## XIX. — Le Pauvre.

J'ai vu un pauvre dans la rue; il paraissait bien souffrant et bien malheureux.

J'ai vu un malheureux aveugle; il ne pouvait se conduire seul.

Il était dirigé par son chien dans les détours du chemin.

Il était conduit par son petit garçon qui lui

donnait la main, et qui lui disait : Mon père, appuyez-vous sur moi.

J'ai rencontré ce pauvre vieillard tout courbé, qui a vécu de longues années, et qui a bien souffert dans sa vie.

Il a eu des maladies; il a été atteint par les infirmités ; il marche avec peine, en s'appuyant sur son bâton.

J'ai vu la pauvre femme veuve qui a trois enfants et qui ne peut travailler pour les nourrir.

Ayez pitié de ceux qui souffrent et qui sont dans la peine.

Je voudrais partager avec eux mon pain, et les soulager.

Si nous voulions travailler une heure seulement par jour pour les pauvres, nous leur ferions beaucoup de bien.

Et si nous voulions chaque jour retrancher quelque chose de ce que nous avons de trop, nous pourrions satisfaire une partie de leurs besoins.

Quel bonheur, s'il n'y avait plus de malheureux!

Si toutes les misères étaient secourues, toutes les douleurs adoucies!

Dieu a donné toutes choses aux hommes. Celui qui donne aux autres imite Dieu.

Pauvre aveugle, je ne suis qu'un enfant, mais, si tu veux, je puis te conduire et t'éviter les embarras du chemin.

Pauvre vieillard, appuie-toi sur moi; je suis assez fort pour te soutenir.

Pauvre femme veuve, tiens, voici pour tes enfants, les fruits et le pain de mon déjeuner.

## XX. — Jules et Eugène.

Un matin, *Jules* se leva de bonne heure.

Il sortit de la maison, et, par un beau chemin dans la campagne, se rendit à la maison d'un bon vieillard.

Il salua ce vieillard, qui était son grand-père; il s'empressa de lui rendre toutes sortes de soins, voulant éviter de la peine à ce vieillard faible et brisé.

Jules revint, il avait le cœur content, son âme débordait de joie.

Le temps était superbe, les fleurs étaient belles.

Il courait joyeusement après les papillons sur le bord du chemin.

Les oiseaux chantaient sur sa route.

Quand il rentra, le chien de la maison

courut au-devant de lui, lui faisant mille caresses.

Sa mère lui tendit les bras, et lui donna des baisers.

Jules avait la joie d'avoir fait le bien; il avait la joie de la bonne conscience...

*Eugène* était sorti un jour.

Il rencontra un pauvre enfant qu'il frappa.

Il entra dans un jardin

en passant par-dessus la haie; il y vit des fruits qu'il vola.

Puis Eugène se cacha, prenant, pour revenir, la route obscure du bois et les détours d'un sentier.

Il y avait des nuages au ciel, des gouttes de pluie tombaient.

La nuit approchait; tout était triste. Le tonnerre grondait au loin, Eugène avait peur.

Les chiens aboyaient, Eugène tremblait, pensant que ces chiens voulaient le mordre.

Une branche d'arbre le fit tomber, il crut qu'un soldat l'arrêtait pour le mettre en prison.

Eugène avait la honte d'avoir fait le mal.

Il avait le trouble de la mauvaise conscience.

---

### XXI. — Le bon Arbre.

*Le bon arbre* est celui qui porte de bons fruits.

Au printemps, il se couvre de fleurs et paraît dans sa beauté.

Les fruits succèdent aux fleurs, et les fruits mûrissent au soleil de l'été.

Et quand vient l'automne, l'arbre donne sa

récolte abondante et ses fruits dorés.

*Le mauvais arbre* n'a pas de fruits; il étale ses branches stériles.

Le maître, voyant ce mauvais arbre, prend sa cognée et l'abat.

Le mauvais arbre est jeté au feu.

L'homme sage est comme le bon arbre.

Dans sa jeunesse il plaît par sa bonté et sa douceur, comme l'arbre au printemps par ses fleurs.

Plus tard il est utile par son travail, et il produit des fruits de sagesse et de vertu.

Le méchant est comme le mauvais arbre;

Il est inutile à lui-même et aux autres.

Comme le mauvais arbre, le méchant sera renversé.

La cognée de Dieu abattra le méchant.

## XXII. — Le beau spectacle.

Enfants, savez-vous ce qui est un beau spectacle? C'est celui du bien et de la vertu.

Il y a dans une chaumière une pauvre femme vieille et infirme;

Sa fille est près d'elle, sa fille bonne et douce.

La fille veille sur sa mère et la soigne.

Quand la mère veut

marcher, elle s'appuie sur sa fille;

Quand la mère s'endort, la fille veille près de son lit, travaillant et filant.

Elle travaille et file, afin de soulager sa mère.

---

Enfants, voulez-vous encore un beau spectacle? Il y a un pauvre homme chargé de famille; il n'a pour vivre que ses bras; du matin au soir il est à l'ouvrage, labourant, battant le grain.

Puis, quand, le soir, il rentre bien las, il va chez son voisin malade et pauvre, qui ne peut travailler.

Il cultive le jardin de son voisin malade, il laboure sa terre.

N'ayant rien, il donne ce qu'il peut, son travail et sa peine...

---

Enfants, voici encore un beau spectacle.

Un petit garçon passait son chemin, se rendant à l'école;

Et en marchant il mangeait gaiement son pain.

Un pauvre vieillard se rencontra qui avait faim.

Le petit enfant s'arrêta, et donna son pain au vieillard.

Dieu tient compte d'un verre d'eau donné à celui qui a soif.

---

## XXIII. — Regardons autour de nous.

Regardons autour de nous; toutes choses nous instruisent.

La terre se couvre de moissons... C'est la bonté de Dieu qui les fait croître : Dieu est grand, Dieu est bon.

Les moissons ne croîtraient pas sans le travail de l'homme... Il faut que l'homme laboure; il faut qu'il ensemence.

Sans le travail, l'homme ne saurait vivre.

Le champ du paresseux est couvert de ronces... Le champ de l'homme laborieux se couvre de fruits.

Le coq cherche la nourriture pour sa famille; il appelle ses petits pour qu'ils viennent la prendre.

Il les défend; il s'arme de courage contre l'agresseur, et le combat de son bec et de ses ongles.

Ainsi le père protége ses enfants; il travaille pour eux, il les défend.

Le chien est bon, il est fidèle, il aime son maître et le sert.

Il veille la nuit autour de la maison, et conduit les troupeaux au pâturage.

On aime le chien; il a sa part du repas de son

maître. La main de son maître le caresse.

Le loup est méchant et cruel; il rôde autour de la bergerie, se jette sur les moutons, et les dévore.

On hait le loup, on lui tend des piéges : les bergers l'attaquent et le tuent.

On aime les bons, on déteste les méchants.

## XXIV. — L'École.

Voici que l'heure sonne. J'entends la cloche de l'école.

Les enfants partent... Ils quittent la maison de leur père pour aller à l'école.

La mère dit adieu à l'enfant. Adieu, mon fils, sois sage;

Tu apprendras tes leçons et tu seras docile;

Ta mère sera heureuse, si le maître est content.

Les enfants s'en vont marchant par les rues, par la route, portant leurs livres sous le bras;

Et chemin faisant, ils voient beaucoup de choses qui les amusent.

Ils voient les cultivateurs qui travaillent aux champs; les ouvriers qui travaillent à l'atelier.

Ils voient la bonne

femme qui va prier Dieu à l'église;

Ils voient la jeune fille qui travaille et qui coud, chantant devant sa porte.

Allez; jeunes enfants, allez pour vous instruire.

Allez; vous apprendrez à lire les grandes choses qui sont dans les livres;

Vous apprendrez à connaître le monde, et comme le monde est grand;

A connaître les fleuves, les rivières, les mers,

Les mers que soulèvent les tempêtes, et qui engloutissent les vaisseaux;

Et les hautes montagnes, si hautes qu'elles se cachent dans les nuages, et que leur sommet se couvre de neiges,

De neiges éternelles et de glaces qui ne fondent jamais.

Vous apprendrez les comptes et les calculs.

Mais, enfants, vous apprendrez ce qui vaut mieux encore;

Vous apprendrez à connaître Dieu et à l'aimer;

Vous apprendrez à être bons et vertueux,

Car la sagesse est plus précieuse que la science.

---

## XXV. — Suite de l'École.

Voici l'école : silence !

Les enfants couraient et jouaient, parlant et criant, mais le maître paraît : silence !

Et la première parole qui se fait entendre est celle de l'enfant qui dit la prière.

Le premier mot est le nom de Dieu :

Dieu qui est partout

est au milieu de l'école,

Au milieu de tous ces enfants qu'il a fait naître et qu'il entoure de sa bonté.

Eh bien, enfants, lisez : le livre vous instruira.

L'enfant lit... Voici ce que dit le livre :

« Il ne faut pas faire
« à autrui ce que vous ne
« voudriez pas que les
« autres vous fissent.

« Ce que vous vou-
« driez que les autres

« fissent pour vous, fai-
« tes-le pour eux.

« Car vous recevrez
« de Dieu suivant ce que
« vous aurez fait aux
« hommes. »

Voici encore ce que l'enfant lit dans le livre :

« Hommes, soyez con-
« tents de votre sort.

« Car, quelque part
« que vous soyez, c'est
« Dieu qui vous y a pla-
« cés, et il lui plaît que
« vous y soyez. »

## XXVI. — Les histoires du livre.

Les histoires du livre sont belles.

Elles touchent le cœur.

Et quand on a lu ces histoires, on a le désir d'être bon.

Voici quelques histoires du livre.

### Le bon Frère.

Un pauvre jeune homme était malade..., il était

dans son lit, la fièvre l brûlait.

Le père et la mèr étaient dans la tristess et la douleur.

Le frère de ce jeun homme, petit enfant d huit ans, se mit à pleu rer voyant tant de cha-grin.

Puis, il alla dans un coin de la chambre, il se mit à genoux et pria Dieu.

Et on l'entendit qui

disait tout bas : « Mon Dieu, ayez pitié de mon frère, et rendez-le à la santé.

« Et s'il faut qu'il meure, ô mon Dieu, faites-moi mourir plutôt.

« Car mon frère est grand et fort, et il soutiendra mon père et ma mère.

« Et moi, mon Dieu, je suis faible et petit, et je ne puis rien pour eux... »

Entendant cela, le père et la mère pleuraient doublement,

Voyant que leur fils aîné était si malade, et que le plus jeune était si bon.

Mais ils furent soulagés, car Dieu écouta les prières du petit enfant pour son frère. La santé et la joie revinrent dans la maison.

---

## XXVII. — Le Conducteur de l'Aveugle.

Voici encore une histoire du livre.

Un homme avait travaillé toute sa vie;

Mais il avait eu des malheurs, et il était arrivé à la vieillesse.

Et comme il avait soixante-dix ans, n'ayant plus ses enfants ni sa femme que la maladie lui avait enlevés, il vint à perdre la vue.

Or, il était bien malheureux, seul, abandonné dans sa maison.

Dans la maison voisine était un petit garçon.

Cet enfant, voyant le malheur du vieillard, entreprit de le soulager.

Il venait le matin, avant d'aller à l'école, visiter le vieux aveugle.

Il lui disait : « Appuyez-vous sur moi, donnez-moi la main, je vous conduirai. »

Il le menait par les allées de son jardin,

Et tout en marchant il lui racontait que les fleurs allaient bientôt éclore, que les légumes grossissaient, et que les fruits étaient mûrs.

Puis il conduisait le vieillard à un fauteuil pour qu'il pût s'asseoir.

Souvent il prenait son livre, et il lisait au vieillard les belles choses qu'il avait lues à l'école.

Cela dura trois ans, quatre ans.

L'enfant ne manquait jamais à venir prendre sa place auprès du vieillard.

Il préférait cela aux jeux et aux distractions de son âge.

Et quand au bout de ce temps le vieillard se sentit mourir, il posa ses mains sur la tête de l'enfant, et il le bénit.

## XXVIII. — Marie

Voici une autre histoire du livre :

Marie était une fille de quinze ans...

Déjà elle travaillait, elle gagnait quelque argent, fruit de ses peines.

Un jour, toute joyeuse, elle traversait la ville.

Elle allait acheter une robe, un fichu... heureuse à la pensée de sa toilette nouvelle.

Cette belle robe devait être sa parure des fêtes, elle la porterait aux beaux jours, et Marie bondissait et souriait en pensant à cela.

Comme elle courait ainsi, Marie passa près d'une pauvre femme.

La pauvre femme était tristement assise sur le bord de la route.

Ses vêtements annonçaient sa misère, et elle demandait aux passants quelques secours pour son enfant.

Marie, qui sautait joyeuse, s'arrête à cette vue. Elle s'attendrit, considérant cette malheureuse et son enfant.

Et dans son cœur elle se dit qu'elle voudrait être riche afin de pouvoir la soulager.

Tout à coup une pensée lui vient. « Mais je suis

riche, dit elle : cette robe des jours de fête, je puis m'en passer.

« Mieux vaut habiller ce pauvre enfant presque nu, que d'acheter une parure pour moi... »

Disant cela, elle revient sur ses pas, et doucement elle glisse dans la main de la pauvre femme l'argent réservé pour sa robe.

Et Marie s'en retourna chez elle bien heureuse.

Jamais la plus belle robe et la plus belle parure ne lui avaient fait éprouver toute cette joie qu'elle ressentait pour avoir soulagé le malheur d'une pauvre femme.

Au lieu du plaisir que donne une belle robe, elle avait la joie d'une bonne action.

La belle robe se fane, la joie d'une bonne action dure toujours.

---

## XXIX. — Les Fables du livre.

Dans le livre il y a des fables.

Et les fables instruisent et apprennent beaucoup de choses.

Voyons les fables du livre.

### La Cigale et la Fourmi.

La cigale avait chanté tout l'été;

Elle avait chanté, se

promenant dans l'herbe et les fleurs, sautant, volant et ne songeant qu'au plaisir.

Mais quand vint l'hiver, la cigale se trouva fort dépourvue.

Il n'y avait plus de vermisseaux pour la nourrir, plus d'herbes tendres ni de fleurs.

Elle alla crier famine chez la fourmi.

« Je vous en prie, dit la cigale à la fourmi, prêtez-moi quelque peu de grain pour subsister jusqu'au printemps.

« Au printemps je vous le rendrai... »

La fourmi est bonne ouvrière, elle travaille et se fatigue tout l'été, ramassant ses provisions pour l'hiver.

« Oh ! oh ! dit-elle à la cigale, et que faisiez-vous, ma belle, quand le temps était chaud ?

« Vous chantiez, j'en

suis fort aise; eh bien! dansez maintenant. »

Puis elle tourna le dos et rentra dans sa maison.

La fourmi se montra dure pour la cigale indigente.

Mais la cigale fut bien folle, qui par sa paresse s'exposait à la faim pendant l'hiver, et au refus orgueilleux de la fourmi.

---

Voici encore, enfants, une fable du livre.

C'est une belle fable, et qu'il vous faut bien comprendre.

### La Colombe et la Fourmi.

Une pauvre fourm[i] était tombée dans l'eau. Elle allait mourir, ca[r] elle n'avait pas la forc[e] d'arriver jusqu'au bord.

Une colombe était venue qui voulait se désaltérer à cette eau pure, et qui marchait sur la rive.

Elle vit la fourmi et elle en eut pitié.

Alors, intelligente autant que bonne, de son bec elle ramasse quelques brins d'herbe et de paille, et les pose doucement sur l'eau.

Ainsi elle fait un pont pour la fourmi, et la fourmi, montant sur les brins de paille, se sauve sur le rivage.

Cela fait, la colombe s'envole, et va se percher sur un arbre.

Or, voici qu'arrive un chasseur.

Le chasseur voit la colombe, et déjà croyant l'avoir tuée, il arme son fusil, et le coup va partir.

Mais la fourmi avait vu le danger.

Se glissant sous l'herbe, elle pique le chasseur au talon.

Le chasseur piqué se retourne, et pendant ce temps la colombe s'envole et fuit à tire-d'aile...

Que nous dit cette fable?

Elle nous dit qu'il est bon de rendre service aux autres.

Qu'on est heureux du bien qu'on fait aux autres.

Qu'il faut obliger même les plus petits,

Car les plus petits peuvent nous obliger à leur tour.

---

### XXX. — La petite Glaneuse.

C'était le temps de la moisson, l'année avait été bonne, et les champs étaient beaux.

La terre était jaune d'épis; les moissonneurs étaient dans la plaine, les épis tombaient sous la faux.

Une petite glaneuse suivait les moissonneurs. Elle était dans le champ dès la pointe du jour, ramassant les épis échappés de la gerbe.

Et pendant qu'elle glanait, voyant grossir sa botte, elle pensait que sa mère serait bien heureuse à son retour, le soir.

Qu'elle reviendrait courbée sous son fardeau, et que ses épis ramassés donneraient du pain à ses parents.

Elle se réjouissait à

cette pensée et ne songeait pas à sa fatigue.

Le maître du champ la vit : « Tu es une bonne travailleuse, lui dit-il, et déjà tu as ramassé une belle gerbe...

— C'est du pain pour ma mère, » dit la petite glaneuse, et elle continuait son travail, active et zélée.

Le maître du champ connut son bon cœur... il alla à ses moissonneurs et il leur dit : « Quand vous ramasserez vos gerbes, laissez des épis tomber dans le champ,

« Afin que la petite glaneuse les ramasse, et qu'elle fasse bonne récolte.

« Ne vous retournez pas pour ramasser les épis qui tombent.

« Laissez tomber des épis pour les malheureux et pour les pauvres. »

## XXXI. — Les Enfants et le Chien.

Il est cruel de faire du mal aux animaux.

Les animaux sont bons : ils sont utiles à l'homme.

Ce sont les compagnons que Dieu nous a donnés.

Le bœuf et le cheval labourent pour nous la terre.

La vache nous donne

son lait, la brebis sa laine.

Le chien garde la maison et conduit le troupeau.

Le chien est l'ami de l'homme, et lèche la main de son maître.

Les animaux nous font du bien, il est odieux de leur faire du mal....

Des petits garçons sortant de l'école étaient jouer sur la route.

Ils jouaient, lançant

des pierres et s'exerçan avec des bâtons.

Un chien vint à passe qui retournait à la ber gerie, et les méchants garçons, l'attaquant à coups de pierres et de bâtons, le poursuivirent dans les champs.

Ils exerçaient leur adresse sur le pauvre chien qui ne se défendait pas, et ils riaient quand une pierre avait bless le chien.

Mais tout à coup la scène change...

Un loup paraît qui sort du bois, et les enfants se sauvent tremblants.

Le loup les poursuit; il va les atteindre... Ils poussent des cris.

Le chien entend ces cris, il accourt, il se jette sur le loup et un combat s'engage.

Le chien étrangle le loup et le terrasse.

Mais il est blessé lui-même, ce pauvre chien... le sang coule de sa plaie.

Les petits garçons tout honteux s'approchent de lui, et lavent avec l'eau du ruisseau le sang qui coule de la blessure du chien.

Ils sont honteux, car ils ont battu le chien, et le chien a été leur sauveur....

---

### XXXII. — L'Horloge.

Je vais voir à l'horloge qui est sur la place, au-dessus du portail de l'église... Il est huit heures.

L'aiguille de l'horloge marche si doucement qu'on ne peut la voir marcher. Cependant elle avance à mesure que le temps s'écoule.

Je me retourne, je fais uelques pas, je joue... Je

reviens, je lève la tête; déjà l'aiguille s'est déplacée.

Il était huit heures; voici qu'il est huit heures un quart... Comme le temps passe!

Je ferme les yeux; il fait chaud, je m'endors... Je me réveille... quelle heure est-il? onze heures...

O mon Dieu, trois heures écoulées! Il est bien tard, le temps me manque pour le travail ordonné. Le quart de ma journée est perdu.

Voyez comme l'aiguille de l'horloge a marché pendant que je dormais, ne songeant à rien.

L'aiguille de l'horloge ne recule jamais, elle vance toujours.

Pendant que je joue, ue je reste oisif, elle arche, elle marche tou-urs.

L'heure qui est passée revient pas.... On ne re-ouve pas le temps perdu.

Quand je prends le sable dans ma main et que je le répands sur la terre, si doucement que je le répande, ma main est bientôt vide.

Ainsi est le temps; il s'échappe et rien n'en reste : l'heure sonne à l'horloge, c'est le compte du temps qui passe.

L'heure qui sonne nous dit : Travaille.

Car la même heure ne sonnera pas deux fois...

### XXXIII. — Il y a toujours du bien à faire.

A chaque heure, à chaque instant on peut faire du bien.

Pour un bon cœur, l'occasion d'une bonne œuvre se présente toujours. Il n'y a qu'à vouloir.

Écoutez, enfants, vous verrez.

Il y avait sur la route

un pauvre homme qui s'était arrêté accablé de fatigue.

Il faisait chaud, l'air était brûlant, il avait soif.

Le petit Paul, enfant de six ans, est accouru. Il a été chercher de l'eau fraîche à la fontaine.

« Tenez, brave homme, a-t-il dit, buvez... »

Et le pauvre homme rafraîchi a repris sa route, en remerciant Paul.

Avec un bon cœur et

un verre d'eau, Paul avait fait du bien.

---

Une petite fille était malade : elle avait la fièvre et souffrait.

Son frère était près d'elle et la soignait.

Il a été dans les champs, ramassant des fleurs de violette et de mauve.

Il a rapporté ces fleurs à sa mère, et la mère a fait une tisane bienfaisante pour la pauvre enfant qui souffrait.

La sœur malade a été soulagée, et quelques jours après elle jouait devant la porte avec son frère.

Avec un bon cœur et quelques fleurs des champs, l'enfant avait soulagé sa sœur.

---

C'était l'hiver, il faisait froid.

La terre était couverte de neige et de verglas,

Et l'on ne pouvait marcher qu'avec peine.

Un vieillard n'osait avancer sur la glace.

Il s'appuyait sur son bâton craignant de glisser et de tomber.

Le petit Jacques s'est approché : « Appuyez-vous sur moi, bon vieillard, et je vous soutiendrai. J'ai le pied ferme, et je ne glisserai pas. »

Vous le voyez, enfants,

l'occasion du bien est partout.

---

Une bonne femme portait un fardeau; elle était âgée, le fardeau était lourd, elle avait peine à le porter.

Le petit Pierre est venu, avec la brouette de son père, et déchargeant la pauvre femme, il a roulé le fardeau jusqu'au village.

Chemin faisant, il cau-

sait gaiement avec l
pauvre femme soulagée

---

J'ai vu un petit gar çon qui courait dans l rue. Il courait entouré d ses camarades; c'était une belle partie de jeu.

Un vieillard est venu le petit garçon a oubli son jeu, il s'est arrêté; il a salué le vieillard.

Brave enfant, ta jeunesse sera aimée, toi qui respectes la vieillesse...

---

## XXXIV. — Le Bien pour le Mal.

Tu m'as fait le mal, dit le méchant, je te rendrai le mal. Tu m'as frappé, je te frapperai.

Tu m'as fait du mal, dit celui qui est bon..., je te le pardonne. Tu m'as frappé, je ne m'en souviens pas.

Parce que tu es méchant, je ne veux pas l'être moi-même. Tu es méchant, je ne veux pa te ressembler.

Serais-je plus heureu parce que je t'aurais fai du mal?

Quel bien peut-il nou revenir du mal que nou faisons aux autres?

Dieu dit : Celui qui fait le mal recueillera le mal, celui qui fait le bien recueillera le bien.

Dieu se réserve le châtiment, comme il se réserve la récompense.

Le moucheron qui m'a piqué tombe dans les filets de l'araignée.

Le milan qui, de son bec, a dévoré l'oiseau, est atteint par le fusil du chasseur.

Méchant, tu te heurtes à la pierre que tu as mise dans le chemin pour faire tomber un autre.

### XXXV. — J'ai trouvé....

Passant dans la rue, traversant les champs, j'ai trouvé...

J'ai trouvé une bourse, et dans cette bourse de l'argent.

J'ai trouvé un bijou d'or et des objets de prix; me voici bien heureux de posséder ce trésor...

Tu as trouvé..., mais,

dis-le-moi..., réfléchis bien; ce que tu as trouvé, peux-tu le garder?

Ce que tu as trouvé t'appartient-il?

Pendant que tu te réjouis d'avoir trouvé, un autre pleure d'avoir perdu. Un autre cherche et se désole.

Si donc tu t'attribues ce que tu as trouvé, tu le dérobes à celui qui l'a perdu.

Enfant, j'ai trouvé un

balle, en passant par la ville. Enfant, j'ai trouvé des raquettes et un volant.

Cette balle est à toi, dis-tu; ces raquettes t'appartiennent? Que dirais-tu si je répondais : Cette balle est à moi, je l'ai trouvée...; ce volant m'appartient, tu l'avais perdu.

Le bien d'autrui n'a pas besoin, pour être gardé, d'être renfermé dans une armoire ou dans un coffre.

Il n'est pas besoin pour qu'une chose soit à moi que je la tienne sous clef.

Ce qui est à moi est à moi, partout, dans les champs comme dans la maison, dans la rue comme dans un coffre.

Qui donc me le gardera dans les champs ou dans la rue?

Qui me le gardera? La probité..., l'honneur...

### XXXVI. — Pierre et Jean.

Pierre avait un champ de terre que lui avait laissé son père.

Pierre cultivait assidûment sa terre. Il portait du fumier, il labourait, il sarclait pour détruire les mauvaises herbes.

Il avait planté des arbres; il les taillait et les mondait.

Il mettait dans sa terre toutes sortes de semences. Le blé et le seigle pour faire du pain.

Les pommes de terre dont la racine donne des fruits si nourrissants. Les pois, les fèves, les haricots.

C'était un plaisir de voir tout ce champ cultivé se couvrir chaque année de récoltes.

Et Pierre s'était enrichi par le travail de se

bras. Sa famille avait de la nourriture en abondance.

---

Jean, aussi, avait un champ de terre que son père lui avait laissé en mourant.

Une terre riche et fertile et qui ne demandait qu'à produire.

Mais Jean était lâche et paresseux.

Le soleil se levait et éclairait la terre de ses

rayons. Mais Jean ne se levait pas, restant engourdi dans son lit.

Pendant ce temps, les mauvaises herbes croissaient dans son champ. Les mauvaises herbes étouffaient le grain.

Il ne portait pas de fumier sur la terre, il ne sarclait pas les plantes, il n'arrosait pas le sol desséché, et les plantes périssaient ou restaient languissantes.

C'était un triste spectacle que cette terre toute salie de ronces et d'herbes traînantes.

Et quand la moisson venait, quand le moment de la récolte arrivait, Jean n'avait rien à moissonner; il n'avait pas de récolte à rentrer dans sa grange.

Jean devint pauvre et malheureux, portant envie à la joie des autres, et autour de lui, tout était triste et désolé.

---

### XXXVII. — Être bon pour être heureux.

Venez, enfants, donnez-moi la main, je veux vous conduire.

Je vous conduirai par le bon chemin, par la bonne voie où vous ne tomberez pas.

Enfant, celui qui vous donne un bon conseil vous aime, et celui qui vous donne un mauvais conseil ne vous aime pas.

Car il n'y a que ce qui est bien qui puisse vous rendre heureux, et jamais le méchant n'a trouvé la joie dans le mal.

Celui donc qui vous conseille le bien veut votre bonheur, et celui qui vous conseille le mal veut votre malheur.

Ne voyez-vous pas quelle est la joic de celui qui a fait le bien?

Il n'a aucun trouble dans son cœur, car sa

conscience ne lui reproche rien.

Il se met avec tranquillité devant Dieu, pensant que Dieu voit au fond de son âme.

Il ne s'agite pour rien, il ne se plaint de rien, car il pense que Dieu est bon, et que Dieu suffit à toutes choses.

Voyez.... Pierre est bon pour ses camarades; tous ses camarades le chérissent.

Pierre donne aux autres de ce qu'il a... N'est-il pas plus heureux que s'il voulait en jouir tout seul?

Un méchant vous a fait du mal.... Enfants, rendez le bien pour le mal.

En récompense, vous en aurez de la joie en vous-mêmes.

Travaillez, enfants; la fin de la journée sera joyeuse.

Que si vous restez dans l'oisiveté et la paresse, vous aurez honte de vous-mêmes.

Voyez comme l'homme de bien s'endort en paix.

Le sommeil du méchant est plein de trouble.

La sérénité est sur le visage de l'homme de bien.

Le visage du méchant est empreint de la tristesse du mal.

---

## XXXVIII. — La promenade de l'Enfant.

Il fait beau; le ciel est pur et bleu, le soleil brille et répand une douce chaleur.

Que la campagne est belle ! Que l'herbe est verte ! Comme les arbres sont chargés de fleurs !

Que Dieu est grand, qui a fait tout cela ! Que Dieu est bon, qui a donné à l'homme une si belle demeure!

---

Voici le vigneron qui travaille, il laboure la terre, il taille les branches de la vigne.

Le vigneron travaille, mais il aura sa récompense; sa vigne se couvrira de fruits, le vin remplira ses tonneaux.

---

Voici les portes de la ferme qui sont ouvertes.

Tout le monde travaille dans la ferme.

Le charretier conduit les chevaux au labour. Le berger soigne le troupeau dans la bergerie.

La ménagère est partout. On trait le lait des vaches, on remplit de lait les grands vases.

Les servantes battent le beurre; elles vont répandre le grain aux volailles de la basse-cour.

Ainsi tout le monde travaille.

Le travail est la tâche de l'homme.

Qu'arriverait-il donc si tout le monde ne travaillait pas?

La terre resterait inculte; ces champs ne se couvriraient pas de blé, et le pain manquerait aux hommes.

---

En me promenant dans

les champs, tout ce que je vois m'instruit.

J'ai passé devant la petite maison du tisserand.

Cette maison est bien humble et bien modeste. Le toit en est couvert de chaume, et l'herbe croît sur les murailles.

Mais cependant Dieu a donné de la grâce à cette simplicité.

Un grand arbre ombrage la chaumière. Une

vigne avec ses belles grappes court autour de la fenêtre.

Le pauvre tisserand travaille, mais il est peut-être plus heureux que le riche.

Il est plus heureux certainement, s'il est plus vertueux.

---

Sur mon chemin, j'ai rencontré des enfants qui jouaient.

Ils couraient, exerçant

leurs forces en luttant de vitesse.

Avec adresse ils poussaient un cerceau qui roulait décrivant des cercles.

Ils sautaient et s'élançaient comme des chevreaux qui bondissent. Ils poussaient des cris de joie.

Qu'un méchant vienne parmi eux, la joie disparaîtra, et les querelles apporteront le trouble.

Ils sont joyeux, parce qu'ils sont bons.

---

J'ai passé devant la demeure du berger.

Le père était à son troupeau dans les champs.

La mère était absente; elle était allée vendre ses denrées à la ville;

Elle était allée au marché de la ville pour acheter des habits aux enfants.

Pendant ce temps l'aînée des sœurs veille sur la maison;

Elle porte dans ses bras son plus jeune frère; elle endort le dernier né dans son berceau.

Elle commence à pratiquer les devoirs d'une mère; elle est bonne pour tous.

Puisqu'elle est bonne, il faut qu'on l'aime, et qu'on écoute sa parole.

---

Toujours chemin faisant, traversant le village,

J'ai entendu des chants, j'ai entendu des cris.

C'est la maison où vont les buveurs, rassemblés autour des tables.

Sur les tables sont des verres et des bouteilles.

Le vin remplit les verres, le vin coule et salit les tables.

Ces hommes perdent leur raison en buvant.

Ils crient et parlent tous ensemble comme s'ils étaient en démence.

Ils se querellent et se menacent, et le sang coule avec le vin.

Il y en a qui chancellent et qui tombent, abrutis et n'ayant plus de forces.

Ils ne savent plus ce qu'ils disent ni ce qu'ils font.

Ils marchent en se heurtant contre les troncs d'arbres et contre les murailles.

Ils sont si faibles qu'un enfant les jetterait à terre en les poussant du doigt.

Voici l'ivrogne qui sort de la maison des buveurs.

Ils est tout souillé de vin et de boue, il ne peut se tenir sur ses pieds.

Insensés, ils ont dépensé à boire le prix

le leurs jours de travail;

Ils ont perdu à boire le pain de leur famille;

Et quand ils rentreront chez eux, ils seront sur la paille.

Ils seront misérables, parce qu'ils ont été ivrognes.

Leurs enfants leur demanderont du pain, et ils n'auront pas de pain à donner à leurs enfants.

Je m'éloigne de la maison des buveurs où l'on perd son argent et sa raison. Je me détourne parce que ce spectacle me dégoûte.

---

Au contraire, combien j'ai de joie à voir ce villageois qui passe !

Il revient du travail, ses outils sur le dos.

Il chante gaiement, et tout en marchant il salu ses amis qu'il rencontr sur la route.

Il s'empresse de retourner à sa maison, car voici le soir qui arrive.

C'est aujourd'ui jour de paye, il a touché son salaire de la semaine.

Il passe devant la maison des buveurs, mais il n'y entre pas.

Tout ce qu'il a gagné, il le rapporte à sa maison.

Il achètera des vêtements pour ses enfants, et un jouet pour le plus jeune.

Il achètera pour sa femme une robe des jours de fêtes.

Il vivra avec ordre et économie, car il veut amasser pour le bonheur de sa famille et pour le sien.

De ses épargnes, à la fin de l'année, il achètera une vache;

Une vache dont le lai nourrira ses enfants.

Puis, son trésor aug mentant peu à peu, i

sera assez riche bientôt pour acheter un petit champ;

Un petit champ non loin de sa maison, avec de beaux pommiers.

Ce champ, il le cultivera de ses mains. Les légumes y croîtront en abondance.

Il y sèmera du blé pour la nourriture de tous. Il sèmera du grain pour le fourrage de la ache.

Ses enfants travailleront avec lui : il n'y aura pas un petit coin de perdu dans cette terre bien cultivée,

Et ce sera une joie aux grands jours de voir toute la famille heureuse, jouissant des produits de la terre, et parée des habits de fête.

---

Ainsi, quand nous nous promenons, si nou

voulons réfléchir à tout, nous nous instruisons.

Il n'y a pas dans la nature un spectacle, grand ou petit, qui ne nous donne un enseignement.

Les nuages s'amoncellent, le tonnerre gronde et la pluie du ciel menace les moissons que le travail de l'homme a fait croître.

Tout est dans la main de Dieu : en un instant

il peut détruire le travail d'une année.

La cloche de l'église sonne au loin : c'est une voix dans les airs qui nous appelle à prier Dieu.

Souvent le son de cette cloche nous annonce une douleur : c'est une famille qui pleure...

Donnons une larme de notre cœur à ceux qui sont dans la peine.

La fleur est fanée sur

sa tige; elle était belle hier.

Elle n'est plus rien aujourd'hui : tout passe comme cette fleur.

Cet homme qui était si fort, si actif, le voici vieux maintenant, les rides sur le front.

Notre jeunesse passera de même, et nous serons courbés comme lui.

Et quand mes yeux se portent ainsi sur la nature entière, je vois que les arbres les mieux taillés deviennent les plus beaux, et que les arbres les plus beaux produisent le plus de fruits.

Je vois que les champs les mieux cultivés donnent les plus riches moissons.

Et je vois bien que de même l'homme le meilleur est le plus heureux.

L'homme bon et vertueux est celui qui

amasse plus de fruits pour sa vieillesse,

Et qui a plus de joie dans le fond de son cœur.

Mon Dieu, faites que nous soyons toujours bons,

Et que la pensée du mal n'approche jamais de nous.

FIN.

# TABLE DES MATIÈRES.





Imprimerie de Ch. Lahure (ancienne maison Crapelet)
rue de Vaugirard, 9, près de l'Odéon.

Impr. PANCKOUCKE, rue des Poitevins, 14.

www.ingramcontent.com/pod-product-compliance
Ingram Content Group UK Ltd.
Pitfield, Milton Keynes, MK11 3LW, UK
UKHW012218240726
13966UKWH00003B/823